El Arte del Fotoperiodismo de Bodas

Héctor M. Meléndez

Derechos de autor © 2020 Héctor M. Meléndez Todos los derechos reservados

Ninguna parte de este libro puede ser reproducida ni almacenada en un sistema de recuperación, ni transmitida de cualquier forma o por cualquier medio, electrónico, o de fotocopia, grabación o de cualquier otro modo, sin el permiso expreso del editor.

Impreso en los Estados Unidos de América

CONTENIDO

Página del Título

Derechos de Autor

Introducción

Estilo Foto Periodístico

Preparación

En Casa de la Novia

El Novio

Ceremonia

Recepción

Niños

Acción

Momentos

Otros Eventos

Iluminación

Consejos Para Tomar Excelentes Fotos

Equipo

Planificación de Contingencias

Edición

Producto Final

INTRODUCCIÓN

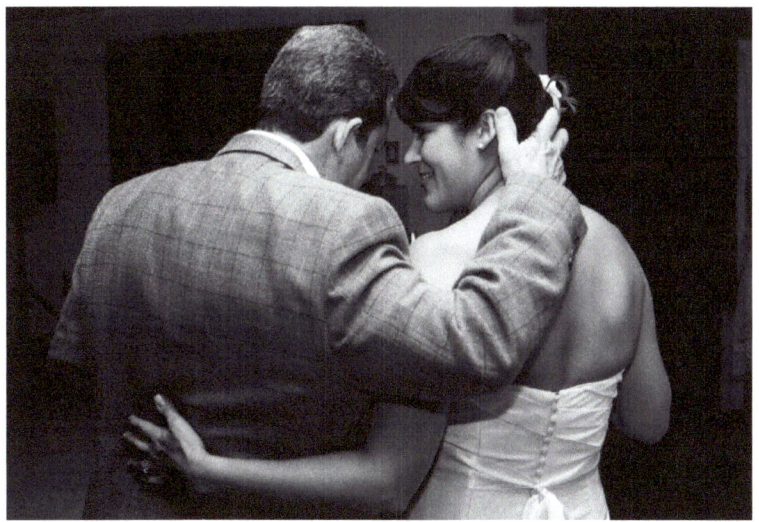

Mi interés por la fotografía comenzó con los paisajes. Ser residente de la isla caribeña de Puerto Rico y tener tantos paisajes hermosos como playas, bosques tropicales, ríos y montañas, me ayudó a desarrollar mi ojo para este arte. No fue hasta el nacimiento de mi primer hijo que entré en el mundo de la fotografía, siendo mis hijos la mejor motivación para leer libros, tomar cursos y practicar. Decidí practicar con bodas de mis amigos y en muy poco tiempo comencé a ser referido para trabajar para otras personas, siendo este mi punto de partida en el negocio de la fotografía de bodas.

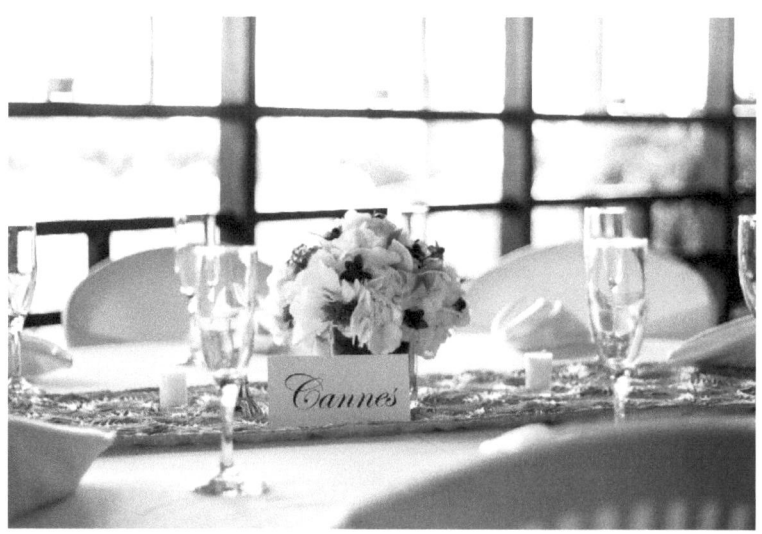

En este libro comparto mis técnicas para tomar excelentes fotos de bodas en un estilo foto periodístico Este libro está dirigido a personas con conocimientos básicos de fotografía. Recomiendo a las personas que están comenzando a usar una cámara DSLR que compren un libro de fotografía básico y aprendan primero cómo usar su cámara en modo manual. Espero que disfruten y aprendan leyendo este libro.

ESTILO FOTOPERIODÍSTICO

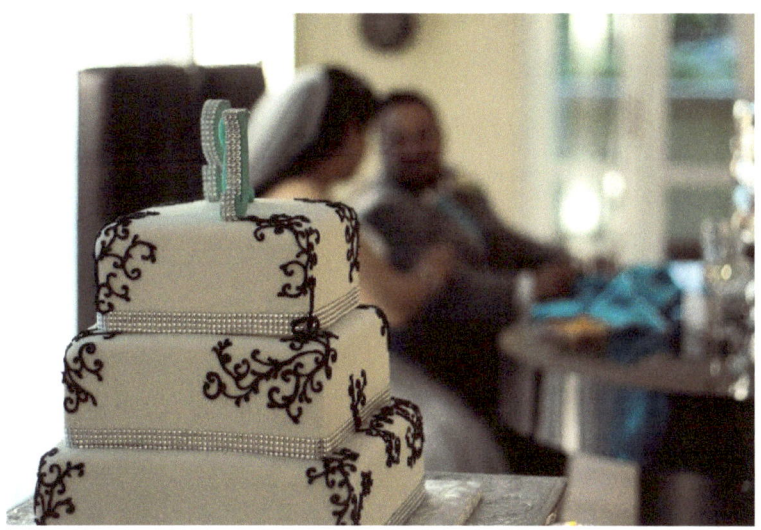

El estilo foto periodístico de bodas se resume en una sola palabra. "Momentos". No nos enfocamos es estar llamando la atención de los novios. De lo contrario, queremos ser invisibles para ellos. El ochenta por ciento de nuestras fotos deben ser cándidas, mientras el otro veinte serán fotos posadas.

Tenemos el deber de tomar fotos durante todo el día del evento para lograr captar todos y cada uno de los momentos especiales. Sí, debemos tomar fotos posadas, pero este no es nuestro enfoque. Al final, vamos a entregar a los novios un cuento de todo lo que sucedió en uno de los días más importantes de su vida. Esto no los van a agradecer por siempre.

PREPARACIÓN

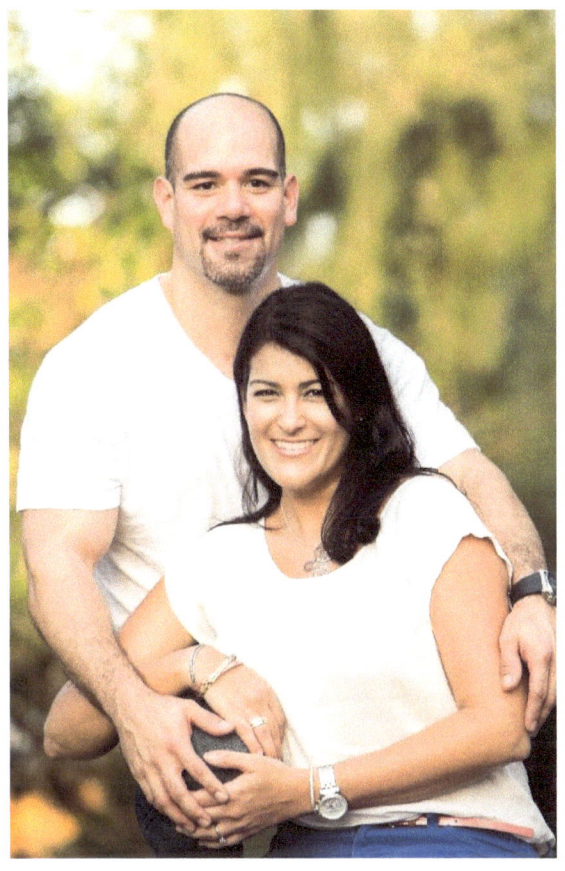

Una vez somos contratados como fotógrafos por parte de los novios quiere decir que vieron nuestro portafolio y quieren tener fotos espontaneas para recordar los momentos. No quieren que el fotógrafo sea una molestia durante ese día. Muy pocas fotos van a ser posadas, pero recordemos que necesitamos tener una reunión con los novios para que nos digan las fotos que son esenciales para ellos, como fotos con familiares en específico y momentos que quieren tener. Esto es importante, porque durante el día de la boda los novios van a estar abrumados con muchas cosas en mente y van a olvidar lo que se habló en esta reunión. Así que es nuestro trabajo tener la lista el día de la boda y recordarles. Estar preparados como fotógrafos para una boda es de suma importancia para que no nos falte nada. Por lo cual debemos tener todo listo el día antes. Yo acostumbro a tener una lista de cotejo para cada una de mis bodas, en la cual tengo por escrito todo lo necesario para mi preparación. Tener una maleta de cámara con ruedas en el cual quepa todo nuestro equipo sería lo ideal, para tener todo en un mismo sitio. De esta manera dormimos tranquilos sabiendo que el próximo día ya todo estará preparado.

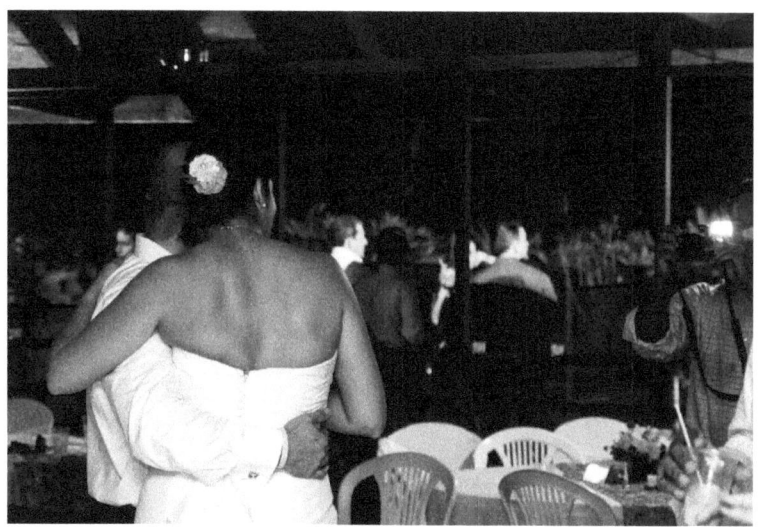

Debemos saber la vestimenta de la boda a la cual vamos a estar trabajando y debemos vestir como tal. Si la boda es formal o casual, vamos a ponernos nuestra chaqueta y vamos a vernos elegantes. Si la boda es en la playa, vamos a ponernos nuestra camisa de flores y pantalones cortos y vamos a vernos divertidos.

EN CASA DE LA NOVIA

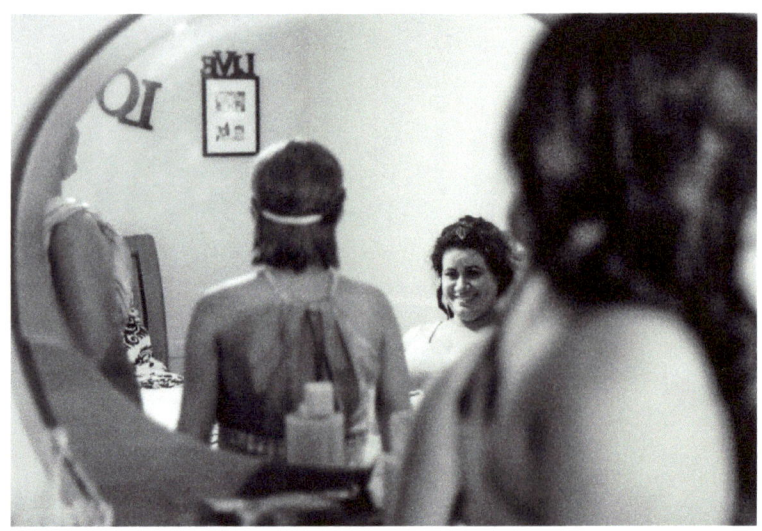

Al primer sitio que vamos a llegar la mayoría de las veces es a la casa de la novia. Aquí nos toca captar su preparación horas antes de la ceremonia. Debemos llegar temprano. Vamos a captar detalles de los momentos de la preparación de la novia y sus familiares, siendo nosotros invisibles.

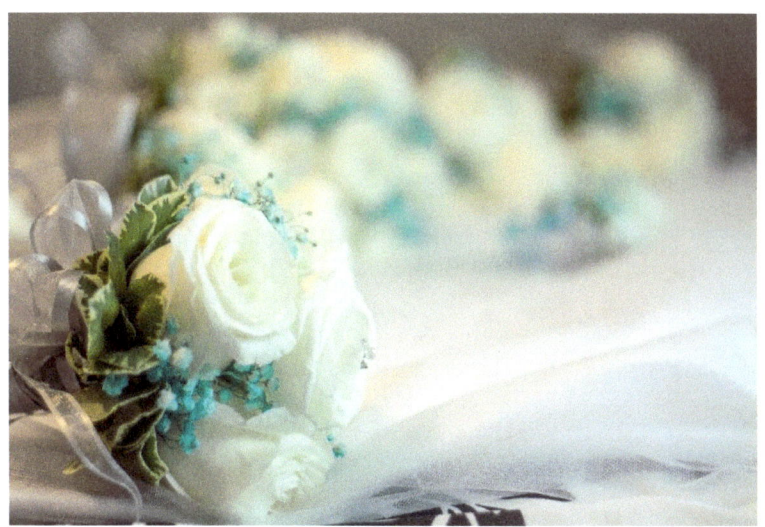

Aprovechemos a tomar varias fotos del ramo de flores.

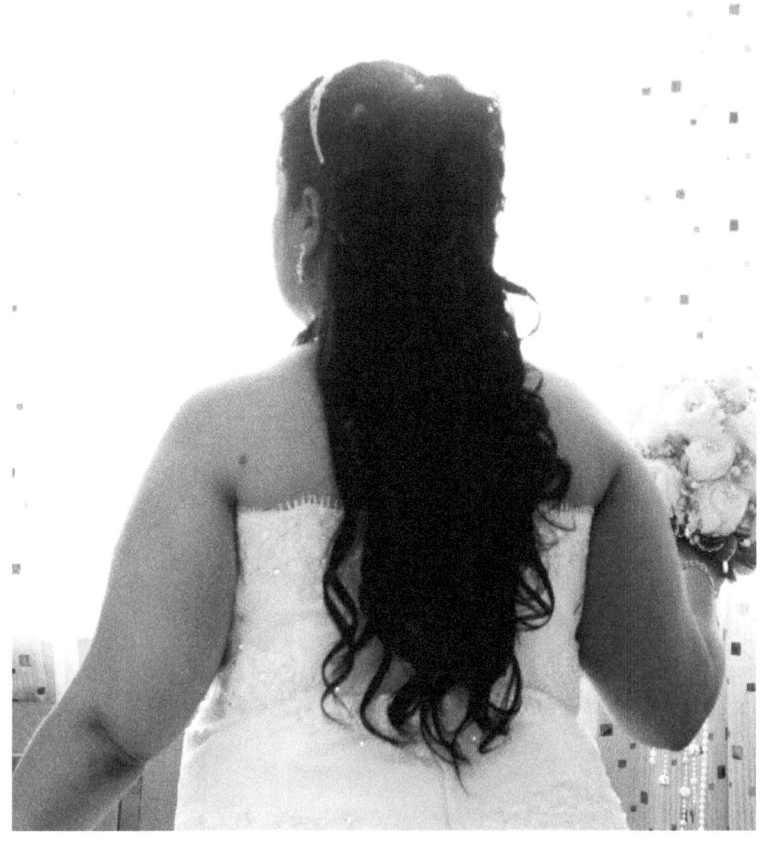

Como final podemos posar a la novia sola y también con su familia.

EL NOVIO

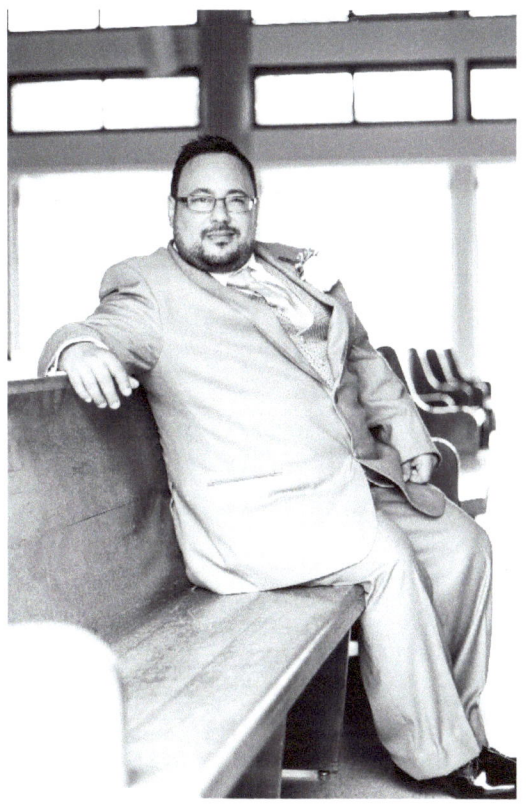

Vamos a salir de la casa de la novia directo al lugar de la ceremonia en donde nos vamos a encontrar con el novio. Vamos a tomarle algunas fotos posadas y luego estemos siempre pendiente de todo lo que pasa a su alrededor.

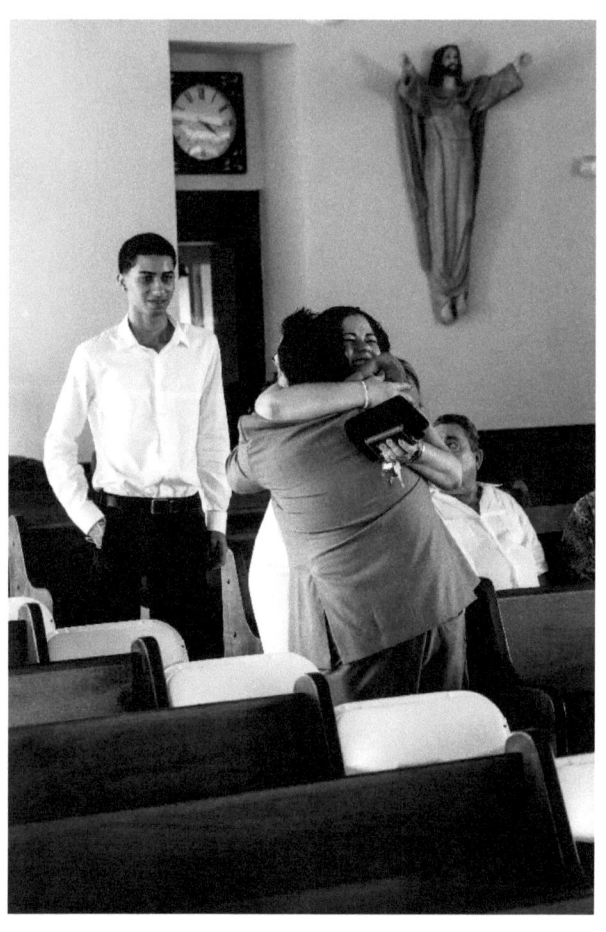

En este momento llego un familiar muy especial para él, y logre captar el momento.

CEREMONIA

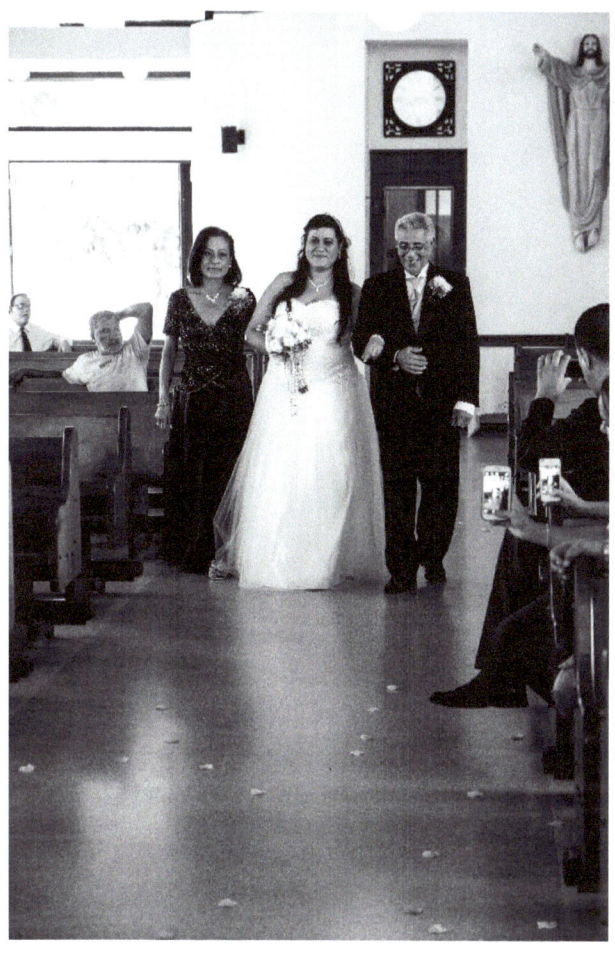

Durante la ceremonia vamos a estar pendientes de la llegada de la novia a la iglesia. Atentos siempre de momentos graciosos, risas y alegrías.

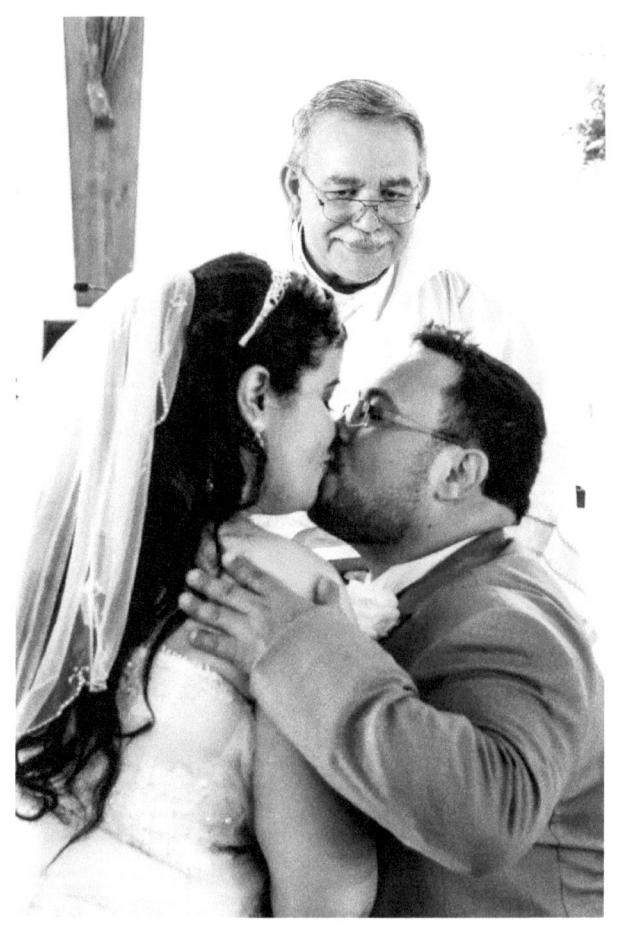

El momento del beso no puede faltar, por lo cual debemos estar en el ángulo correcto y el momento exacto. La cámara siempre en modo ráfaga ("Burst Mode") para no perder el momento.

Al final de la ceremonia estemos pendiente de la lista de peticiones de los novios para recordarles con quienes querían tomarse fotos posadas.

RECEPCIÓN

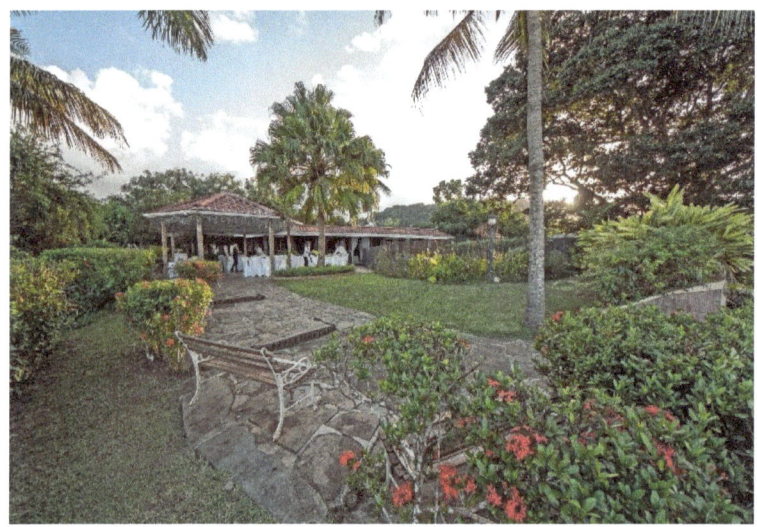

Vamos a llegar temprano al lugar de la fiesta y vamos a esperar a los recién casados. Vamos a tomar fotos de los detalles como el lugar de recepción, mesas a algunas otras cosas interesantes.

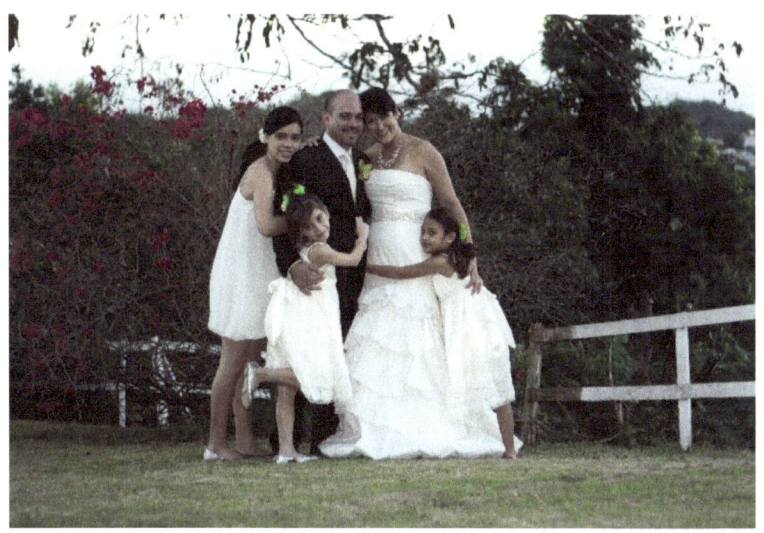

Si tenemos la oportunidad, vamos a aprovechar de tomar fotos a los novios en el exterior, si las condiciones del tiempo lo permiten.

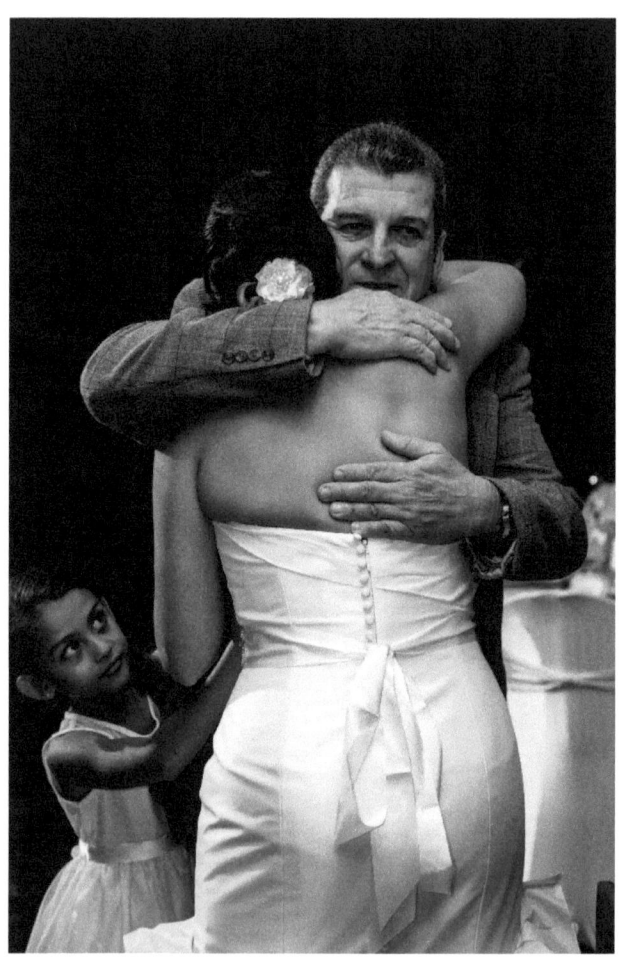

La llegada de algunos invitados puede ser muy emotiva por lo cual debemos estar siempre preparados.

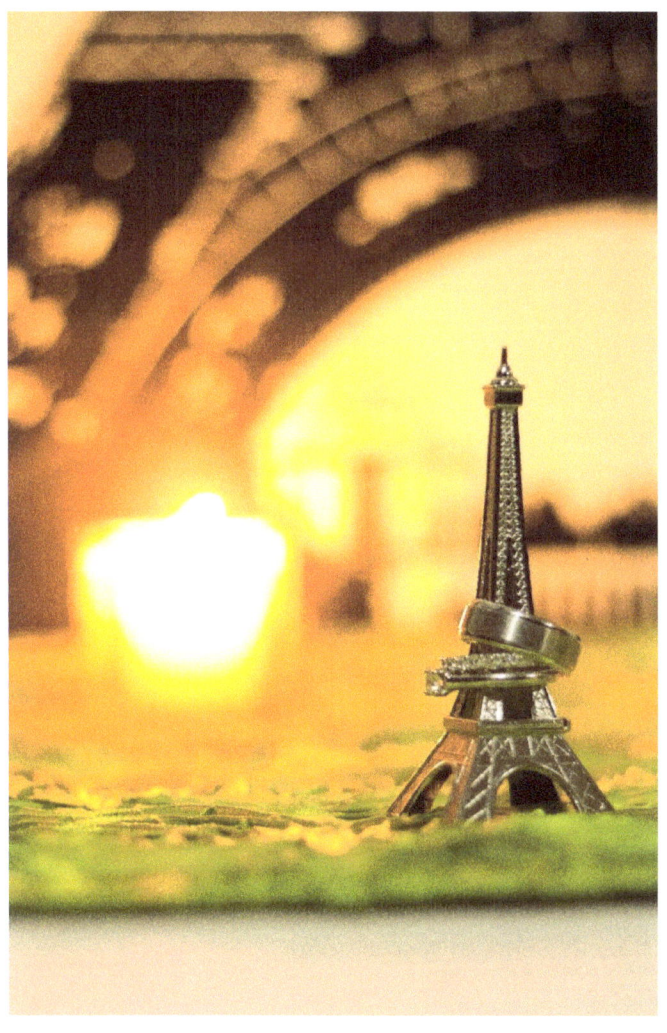

Tomar foto de los anillos es muy importante.

NIÑOS

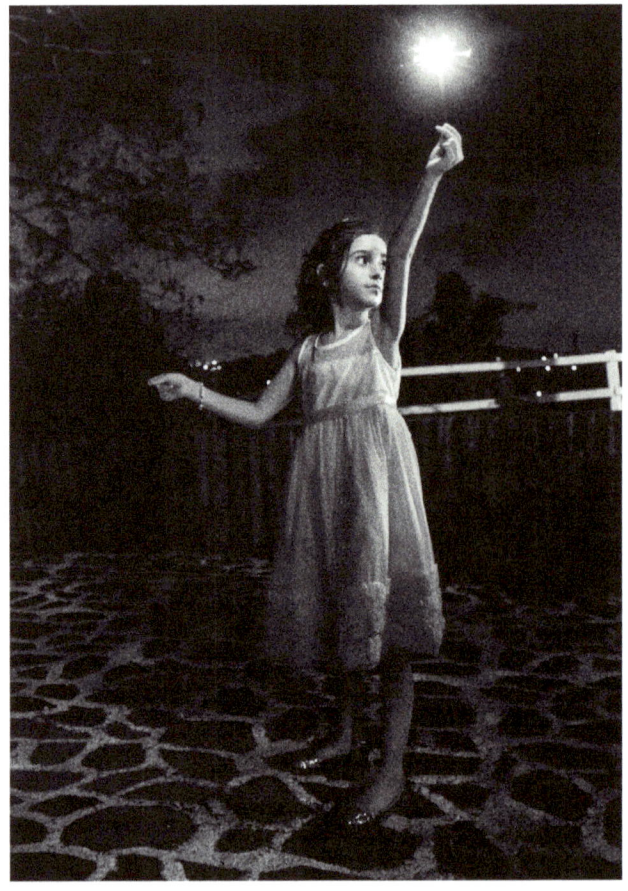

Siempre hay niños en las bodas y estos suelen ser muy traviesos. Siempre que tengamos la oportunidad vamos a tomarles fotos sin que se den cuenta. Los novios nos van a agradecer estos momentos.

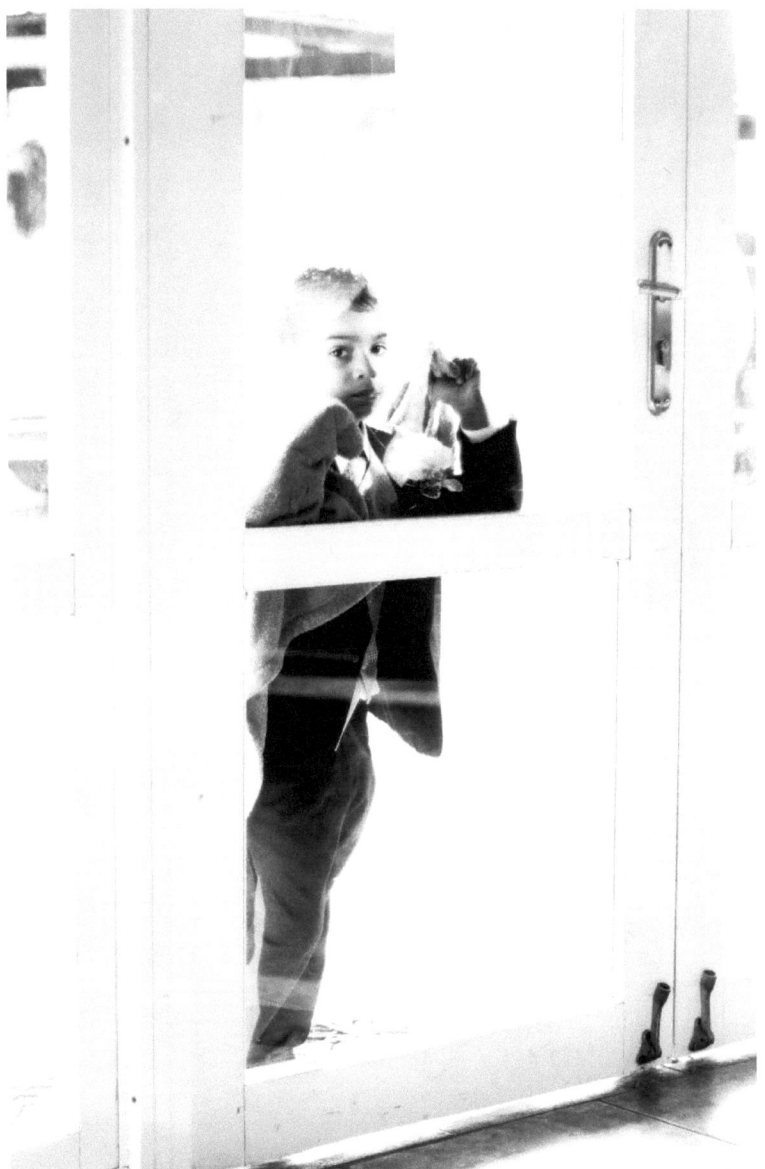

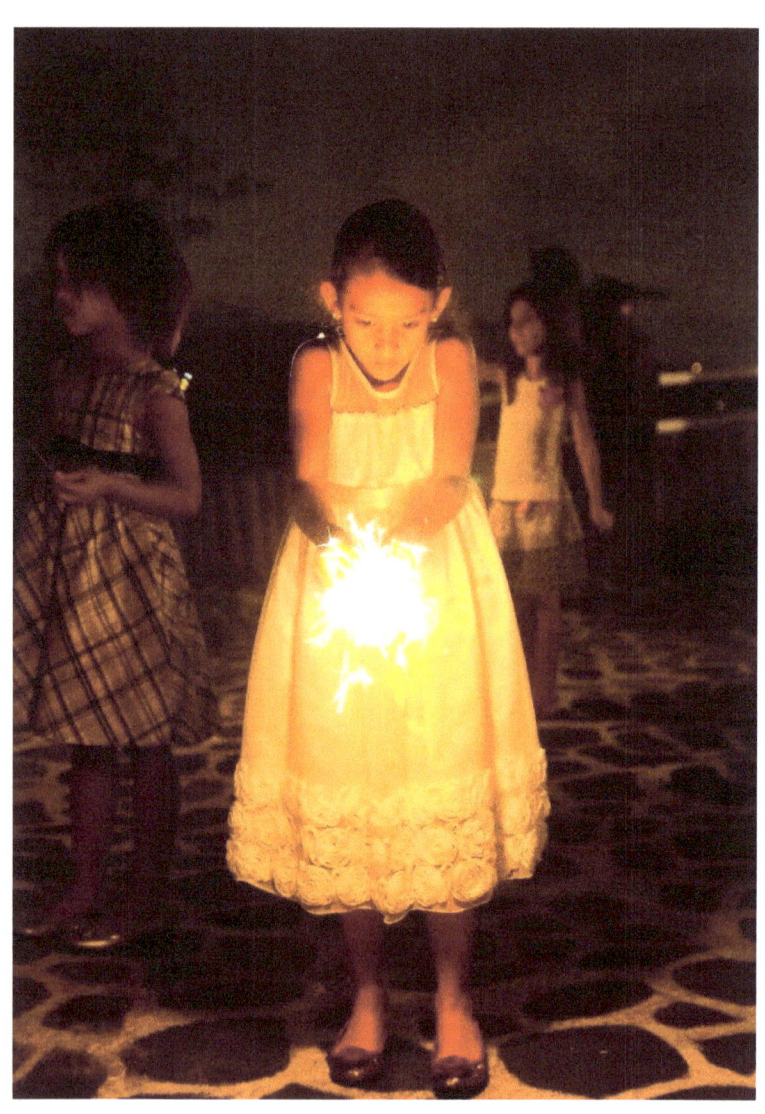

ACCIÓN

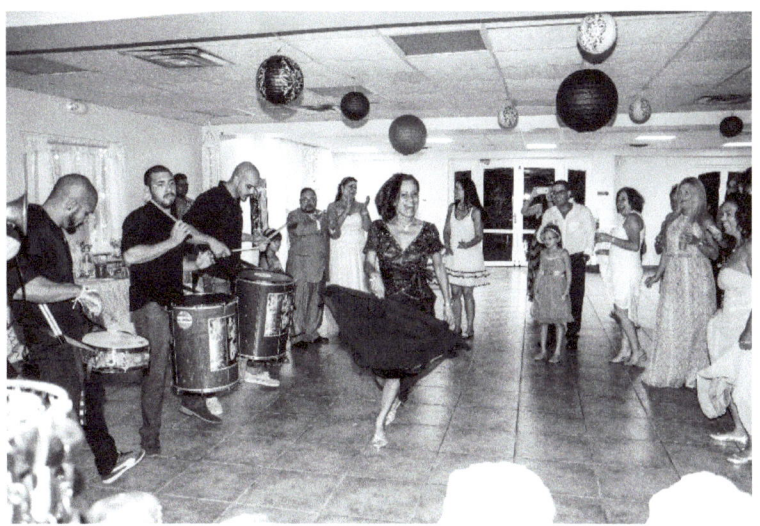

En la mayoría de las recepciones hay música. Y tarde en la noche los invitados tienden a estar más alegres. En este momento debemos tener cámara en mano para captar la acción. Nuestra cámara en modo ráfaga ("Burst Mode") nos va a ayudar a captar el momento perfecto.

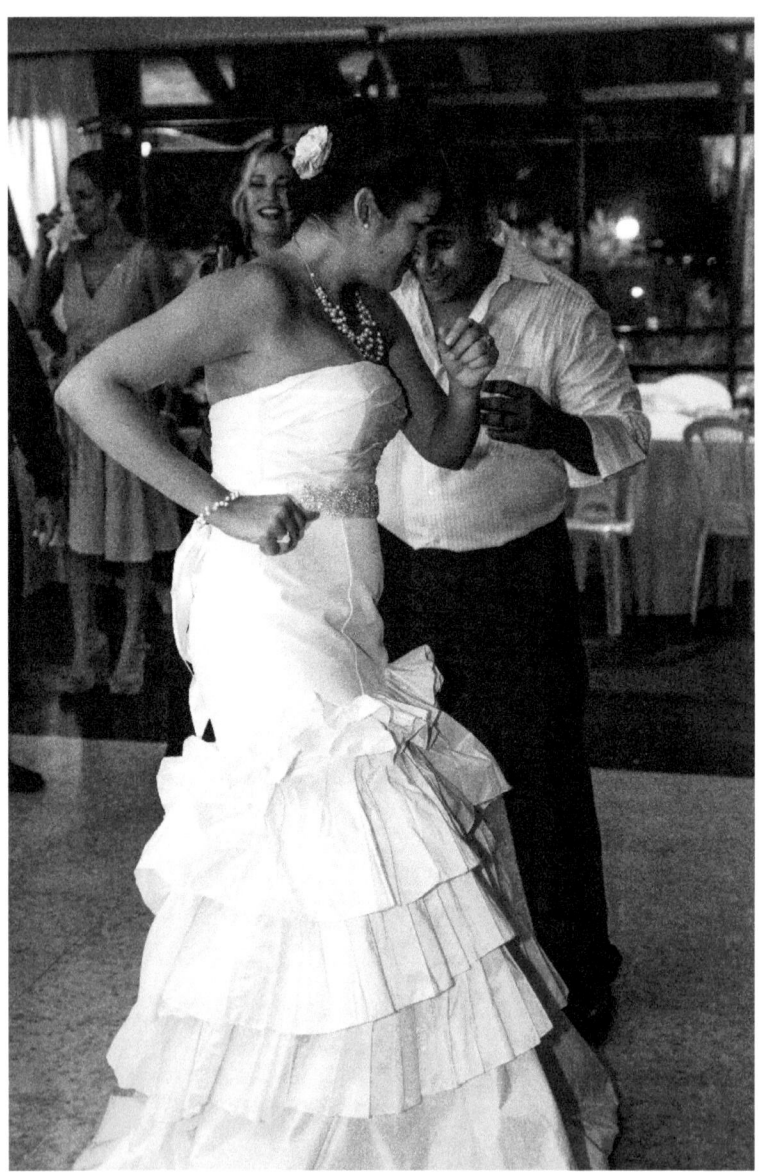

MOMENTOS

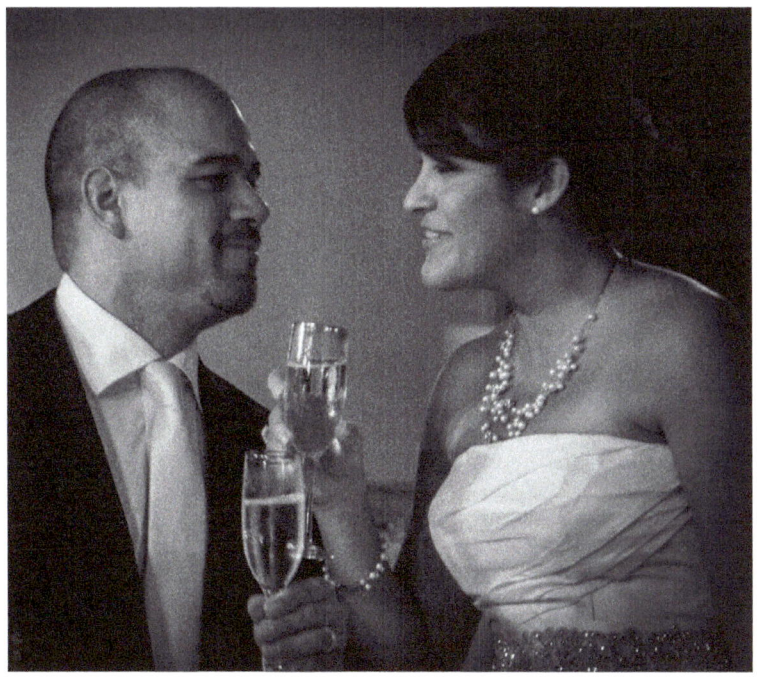

Durante el curso de la recepción siempre hay momentos especiales como lo es el vals, brindis y el corte del pastel. Debemos estar atentos a cuando van a ocurrir para no perder el momento.

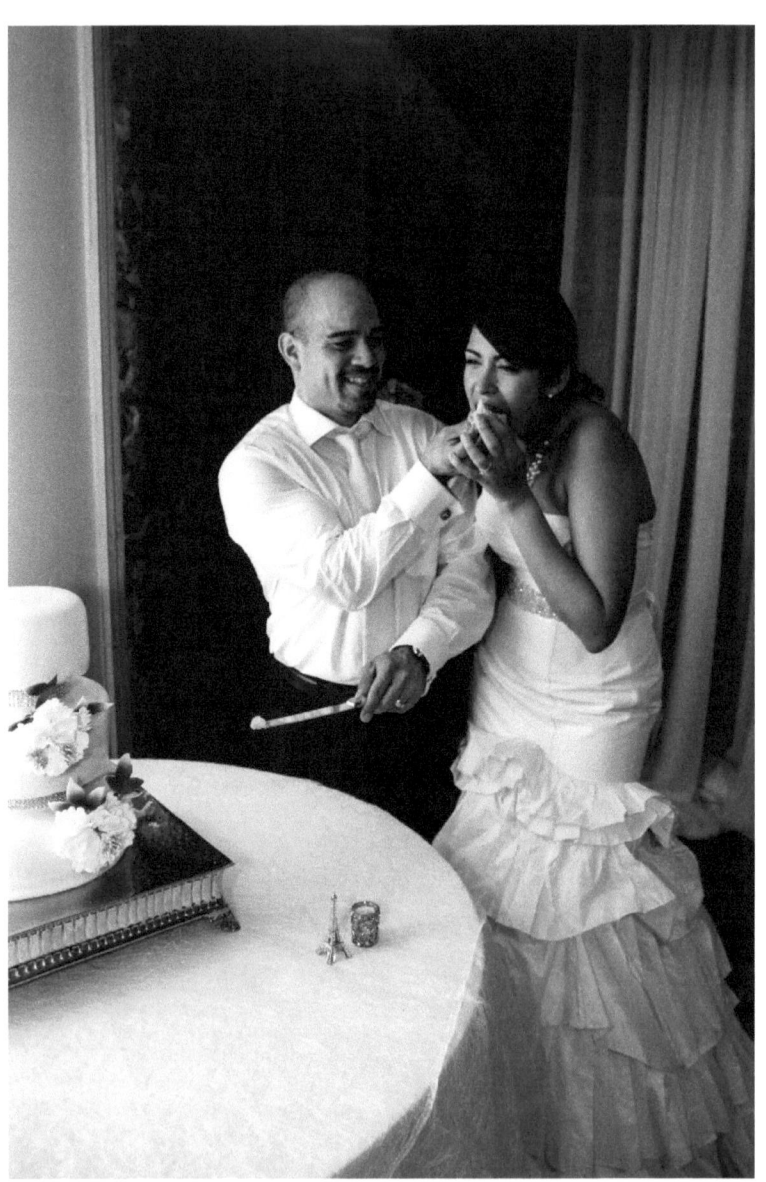

OTROS EVENTOS

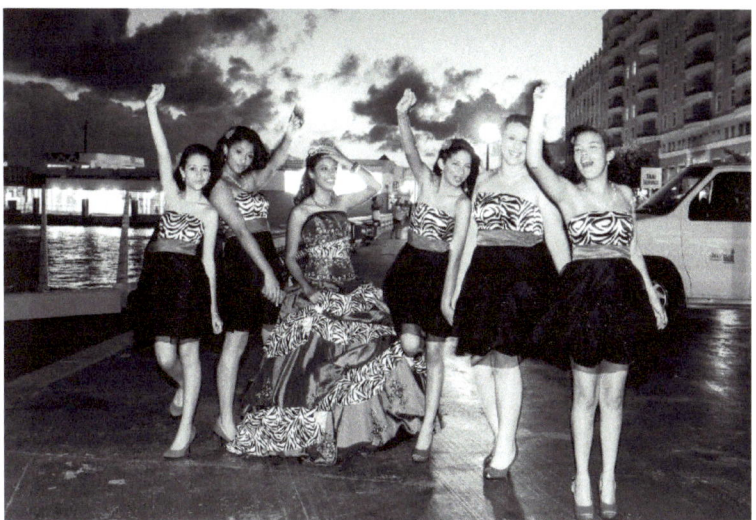

Adicional a las bodas, como fotógrafos foto periodísticos, también podemos ser contratados para otros tipos de eventos como lo son los quinceañeros.

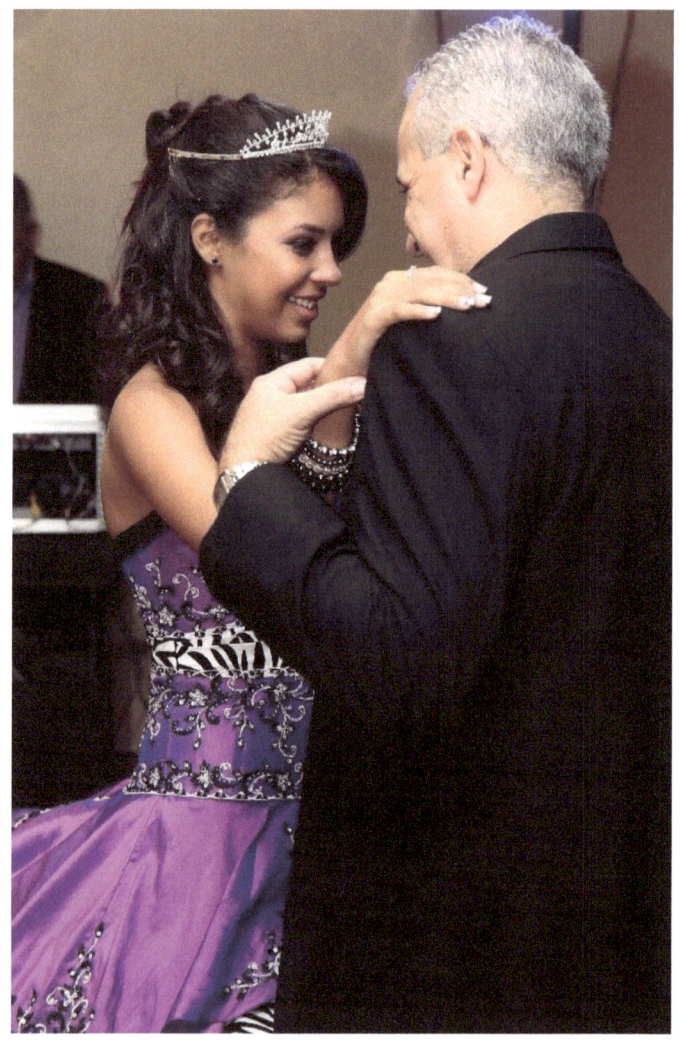

Estos eventos pueden ser muy similares a las bodas por lo cual podemos aplicar el mismo estilo foto-periodístico como podemos ver en esta imagen.

ILUMINACIÓN

En los eventos de bodas trabajo con luz natural cuando tenemos buena luz solar, y trabajo con "flash" externo cuando ya es de noche.

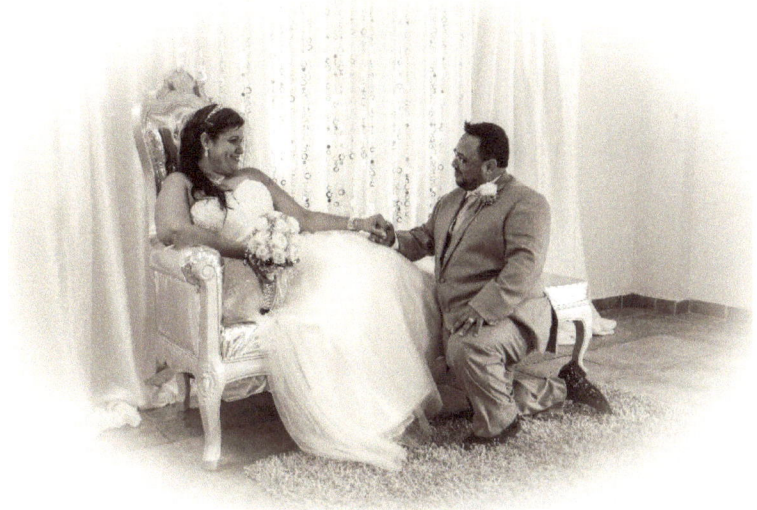

Cuando trabajemos con "flash" en interiores debemos rebotar la luz en el techo o las paredes para evitar las sombras.

CONSEJOS PARA TOMAR EXCELENTES FOTOS

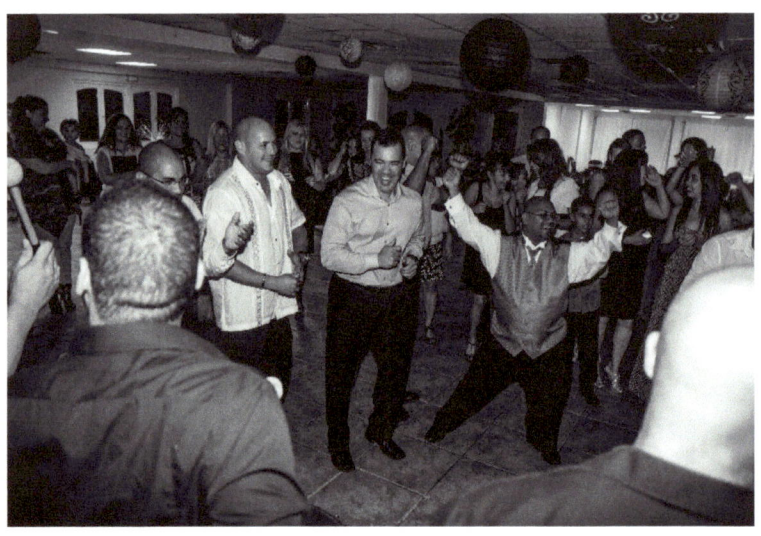

Trabajemos siempre con la cámara en modo ráfaga ("burst mode"). De esta forma intentamos no perder el momento perfecto. Tener dos cámaras a la mano con dos lentes distintos nos ayudara al efecto artístico variado. Nunca debemos estar preocupados por quedarnos sin memoria. En estos días las tarjetas de memoria son bastante económicas. Compremos tarjetas de memoria con suficiente espacio y siempre tengamos una tarjeta extra por seguridad.

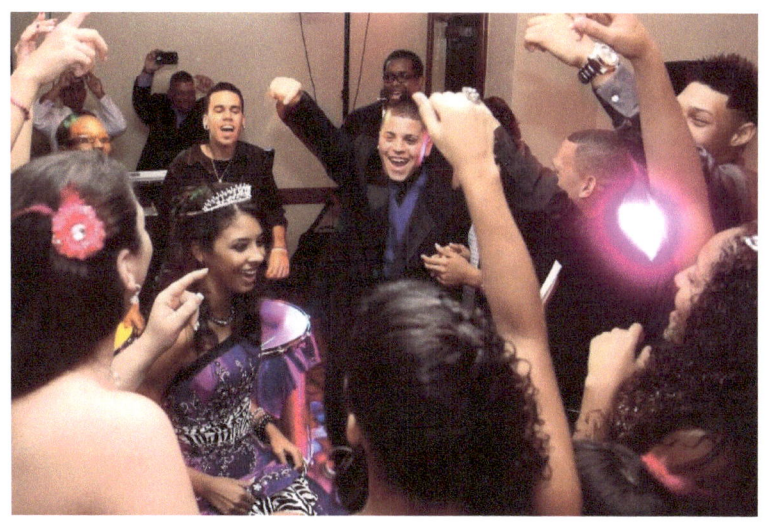

Siempre estemos preparados para el momento, con ambas manos en la cámara. Compongamos con nuestro ojo cuidadosamente y tomemos las imágenes. De esta forma evitamos pasar más tiempo editando. Recordemos que recortar demasiado reduce la resolución de la imagen.

EQUIPO

- Dos cámaras DSLR
- Lente Teleobjetivo 28-70 mm (para cámara con sensor de tamaño completo) o 17-50 mm (para cámara con sensor APS-C) con 2.8 apertura fija a cualquier distancia y estabilización de imagen
- Lente normal 50mm con apertura máxima de 1.8 o de 1.4
- Agarre de la batería ("battery grip") para más tiempo de energía y mejor manejo de la cámara
- Dos tarjetas de memoria con espacio para al menos 2,000 imágenes cada una
- 2 "flash" externos con baterías de respaldo
- Kit de limpieza de lentes

PLANIFICACIÓN DE CONTINGENCIAS

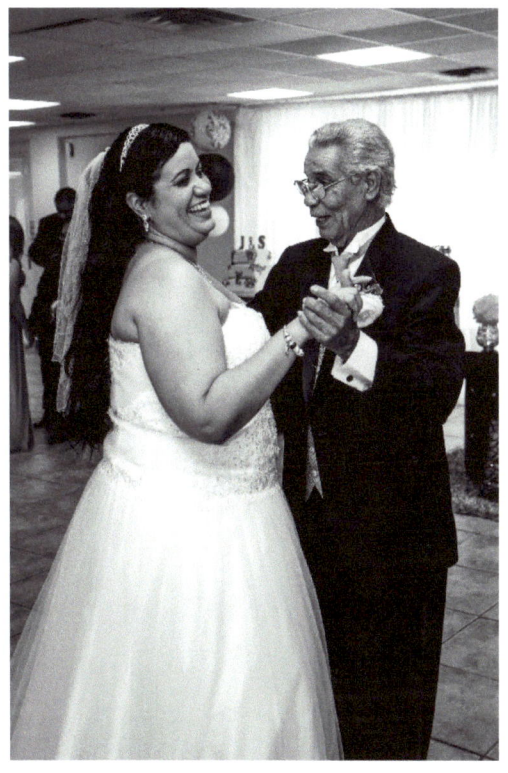

Hacer copias de seguridad en una computadora, unidad de disco externa y en un servicio en la nube, el próximo día, es imprescindible. Al editar, hagamos una copia de seguridad de nuestro trabajo al final cada día. De esta forma evitamos perder nuestro trabajo en caso de cualquier accidente.

EDICIÓN

Mi consejo es tomar todas nuestras fotos en formato RAW. De esta manera tendremos más control al editar. Podemos recortar, ajustar el balance de blancos, subir o bajar hasta dos paradas completas en caso de que perdamos la exposición correcta debido a los cambios de luz, y podemos ajustar las sombras, los reflejos y los colores.

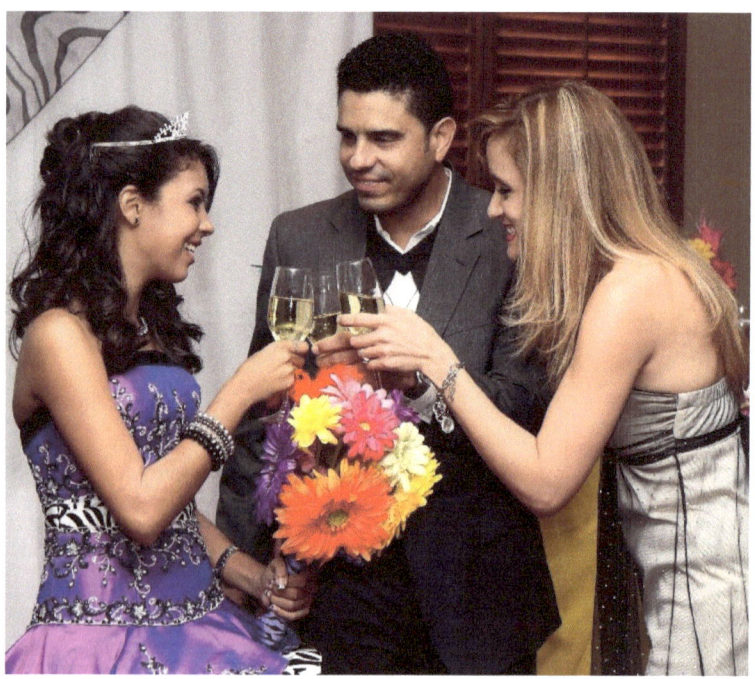

Las fotos en formato jpeg no son muy manejables. Utilice una buena aplicación de computadora para manejar el formato de fotos RAW. Después de que terminemos de editar, convertimos al formato jpeg para el producto final.

PRODUCTO FINAL

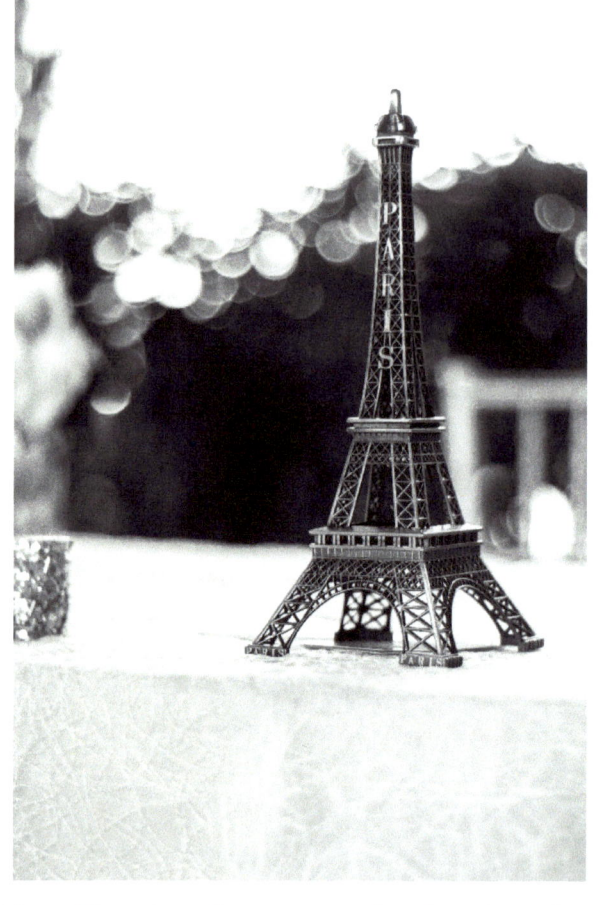

Debido al hecho de que en las bodas siempre trabajo con mi cámara en modo ráfaga ("burst mode"), puedo terminar con alrededor de 1500 fotos por evento. Ya sentado frente a mi computadora, comienzo a hacer una selección de las fotos que artísticamente cumplen con mis requisitos, y que van a satisfacer la necesidad de mis clientes. Luego comienzo a editar.

www.ingramcontent.com/pod-product-compliance
Lightning Source LLC
Chambersburg PA
CBHW040335220526

45473CB00009B/2696